W9-BEO-806

STAR FAIRY 星神僊
HONG KONG IN VENICE

AMY CHEUNG
張韻雯

MAP OFFICE [Laurent Gutierrez + Valérie Portefaix]
古儒郎 + 林海華

HIRAM TO
杜子卿

Curator 策展人 Curatore
NORMAN FORD
傅德明

52nd International Art Exhibition – La Biennale di Venezia
第 52 屆 威尼斯雙年展
52 Esposizione Internazionale d'Arte – La Biennale di Venezia

STAR FAIRY: HONG KONG IN VENICE

Published in conjunction with the 52nd International Art Exhibition – La Biennale di Venezia

第 52 屆威尼斯雙年展中國香港館出版

Pubblicato assieme all'esposizione di Hong Kong, alla 52. Esposizione Internazionale d'Arte – La Biennale di Venezia

Exhibition 展覽 Esposizione

Curator 策展人 Curatore
Norman Ford

Assistant Curator 助理策展人 Assistente al curatore
Evangelo Costadimas

Catalog / Print Design 製作 Catalogo / Progettazione di stampa

Editor 編輯 Editore
Norman Ford

Design / layout 設計 Progettazione / Disposizione
Vera Chan

Cover design 封面設計 Design della copertina
Alice Lam

Cover photograph 封面攝影 Fotografia di copertina
Evangelo Costadimas

Printed 印刷 Stampato
Gear Printing Ltd.

© The Hong Kong Arts Development Council, 2007
All copyright of texts and images remain with the artists, writers and curator.

Organiser 主辦 Organizzazione

Coordinator 統籌 Coordinazione

香港藝術發展局
Hong Kong Arts Development Council

ARTE COMMUNICATIONS
COMMUNICATIONS ARTE
www.artecommunications.com

Message from the Commissioner
館長獻辭
Messaggio del Sovrintendente

Art brings together Hong Kong and Venice, regardless of geographical and linguistic barriers between the two cities.

Hong Kong's debut at the Venice Biennale in 2001 under the banner of "Hong Kong, China" constituted a momentous breakthrough for the arts to find its roots and thrive on home soil. The past three editions of the Biennale – *Magic at Street Level*, *Navigating the Dot* and *investigation of a journey to the west by micro + polo* – provided dynamic portraits of the artists' experience to mirror the creativity of our thriving arts community. These homegrown talents reached out to their counterparts across the world by engaging in the free flow of ideas at the Biennale.

STAR FAIRY, this year's exhibit, is a bold and critical collage woven from the juxtaposition of the surreal and the mundane elements of the city by local artists Amy Cheung, Hiram To and Map office (Laurent Gutierrez and Valérie Portefaix)

藝術打破地理的隔閡、衝破語言的障礙，把香港和威尼斯兩個文化各異的城市接連起來，展開不同層面的溝通和對話。

2001年，香港首次以「中國香港」的名義踏足「威尼斯雙年展」，為香港藝術發展揭開重要的一頁。回顧過去三屆的展覽 ─《臨街的觀照》、《寄穴》以至《紅白藍西遊記》，香港藝術家以不同的藝術表現手法，向國際展示香港藝術多元化的一面，同時，更與國際建立起緊密的聯繫，加強相互之間的交流和溝通。

L'arte unisce Hong Kong e Venezia, abbattendo le barriere geografiche e linguistiche tra le due città.

Il debutto di Hong Kong alla Biennale di Venezia nel 2001 sotto l'egida di "Hong Kong, Cina" ha marcato un'importante conquista nella ricerca da parte della scena artistica delle proprie radici e nel suo sviluppo in terra natia. Le opere esposte nelle ultime tre edizioni della Biennale, *Magia di strada*, *Navigando il punto* e *investigation of a journey to the west by micro + polo*, hanno ritratto in maniera dinamica le esperienze degli artisti, i quali rispecchiano a loro volta la creatività della nostra fiorente comunità artistica. La Biennale ha offerto una piattaforma ai nostri talenti locali dalla quale intrecciare legami con le controparti mondiali tramite il libero fluire generativo di idee.

STAR FAIRY, il progetto presentato alla presente edizione, è un collage ludico e critico, un intreccio della giustapposizione di elementi surreali e mondani della città, ideato dagli artisti di Hong Kong Amy Cheung, Hiram To e Map office (Laurent Gutierrez + Valérie Portefaix), e curato da un veterano delle arti quale è Norman Ford. La ruota di traghetto

under the curatorial direction of arts veteran Norman Ford. Cheung's Ferris Wheel, bearing a load of frozen figures, To's installation, and Map office's talking parrots are individually the artists' impressions of the city in which they live and breathe, and in unison a collective invitation to the rest of the world to probe into this dynamic and intriguing city of the east. *STAR FAIRY* uses the common language of art to empower and envision individuals to speculate, contemplate, fathom and dissect the messages embedded in the art pieces.

The Hong Kong Arts Development Council (ADC) aspires to showcase the best of Hong Kong artists on the world stage at eye-opening international events like the Venice Biennale and to prepare the groundwork for our representatives to forge ties with their overseas counterparts. Promoting the arts of Hong Kong is an endeavour to which the ADC pledges its continual support on the international front in fulfilling our vision to have Hong Kong ranked alongside

今年，香港藝術發展局(藝發局)再度參與這項國際藝壇盛事，展覽以《星神儒》為主題，由資深藝術工作者傅德明策劃，透過藝術家張韻雯、杜子卿及 Map office (古儒郎 + 林海華)的作品，讓參觀者思索香港如何在國際社會上展現其特色。在整個展覽中，無論是張韻雯的內藏冷凍人型的摩天輪、杜子卿的裝置作品，又或者是 Map office 的機械鸚鵡，均各具特色，潛藏著藝術家對香港的詮釋，讓參觀者可以從另一角度去認識這個東方城市。這正是藝術所蘊含的獨特張力，誘發參觀者在欣賞的過程中，多角度去揣摩、摸索、思考和分析藝術家所傳遞的信息。

藉著參與「威尼斯雙年展」這類國際性展覽，藝發局希望把香港藝術家優秀的一面展現出來，並協助香港藝術家與海外同業建立密切的聯繫，擴闊視野。此外，藝發局更希望能夠在國際層面上推廣香

della Cheung, con il suo carico di figure umane congelate, le installazioni di Hiram To e i pappagalli parlanti di Map office rappresentano, individualmente, le impressioni personali di ciascun artista della città in cui vive e respira, e collettivamente un invito al resto del mondo ad esplorare questa dinamica e intrigante città orientale. *STAR FAIRY* utilizza il linguaggio comune dell'arte per fornire ai singoli individui gli strumenti e la visione necessari per speculare, contemplare, comprendere e analizzare i messaggi impressi nelle opere d'arte.

Il fine dell'Hong Kong Arts Development Council è promuovere le opere dei migliori artisti di Hong Kong sul panorama artistico mondiale, in particolar modo in occasione di esposizioni internazionali rivelatrici come la Biennale di Venezia, e rendere il terreno fertile per consentire ai nostri rappresentanti di forgiare legami con le rispettive controparti straniere. L'Hong Kong Arts Development Council offre il proprio supporto continuo e costante alla promozione delle arti di Hong Kong sul fronte internazionale, per vedere il proprio sogno avverato e posizionare Hong Kong sullo stesso piano dei maggiori esponenti artistici mondiali. Con questa visione, abbiamo sviluppato una infrastruttura strategica a lungo termine

the leaders in the world of arts. With this in mind, a long-term strategic framework has been drawn up for the selection of venue, pre-exhibition preparation, communication and promotion. Both the curator and the participating artists are granted unfettered freedom to pursue their visions and logistic support to ensure that their artistic undertakings materialise to their optimum potential. The ADC believes that the Hong Kong exhibition located at the entrance to the Arsenale exhibition hall will attract not only the visitors but also the cameras of the media.

Thanks to the insight gleaned from previous exhibitions, the ADC collaborated with the Hong Kong Institute of Architects for the first time to debut the ever-changing cityscape of Hong Kong and its architectural marvels at the 10th Venice Biennale International Architecture Exhibition in 2006. The overwhelming reception helped to raise considerably Hong Kong's standing on the world stage.

港的藝術，協助香港躋身國際藝壇；為此，我們訂下長遠的發展策略，從揀選展覽場地以至籌備、聯絡及推廣等工作，都計劃周詳，力臻完善。在展覽工作方面，藝發局給予策展人及藝術家最大的自由及彈性，並為他們提供各項支援，協助他們籌備展覽。在場地方面，我們選取了毗鄰 Arsenale 場館入口的建築物作為展場，望能盡佔地利之宜，吸引更多人士參觀。

在長遠發展方面，憑藉過往的參展經驗，藝發局去年首次與香港建築師學會合作，參與「第十屆威尼斯雙年展 — 國際建築展」，展示香港獨特的城市面貌和卓越的建築藝術。是次展覽反應熱烈，備受國際注視，有助逐步提升香港在國際藝壇的地位。

per selezionare i siti espositivi e le scelte di comunicazione e promozione in preparazione dell'esposizione. Il curatore e gli artisti partecipanti godono della piena libertà di perseguire le proprie visioni, e del supporto logistico necessario per materializzare le loro imprese artistiche al massimo potenziale. L'esposizione di Hong Kong, strategicamente posizionata all'ingresso dell'Arsenale, attirerà certamente non solo i visitatori ma anche i media.

Grazie alle esperienze accumulate nelle esposizioni precedenti, l'Hong Kong Arts Development Council in collaborazione con l'Hong Kong Institute of Architects ha debuttato alla 10. Mostra Internazionale di Architettura - La Biennale di Venezia, (rap)presentando il proprio paesaggio cittadino in continua evoluzione e le sue meraviglie architettoniche. L'enorme successo ottenuto dall'esposizione ha contribuito ad incrementare notevolmente la notorietà di Hong Kong sul palcoscenico artistico mondiale.

The Venice Biennale has been a tremendous opportunity to showcase the works of Hong Kong artists and bring them in contact with other like-minded international arts advocates. The Biennale this year will be yet another proud celebration of contemporary Chinese arts by bringing together artists from the Mainland, Hong Kong, Macau and Taiwan and their exhibits.

The ADC will ride on the momentum of a vibrant local arts scene to continue participating in international exchanges and endear ourselves to the rest of the world with our arts.

Ma Fung-kwok
Chairman, Hong Kong Arts Development Council

「威尼斯雙年展」是香港通向國際藝壇的重要門檻，我們有機會與來自不同國家和地區的朋友，作一次真誠的藝術交流和對話。今年，來自中國大陸、香港、澳門、台灣，兩岸四地的藝術家難得聚首一堂，我們將可以再一次向世界展示中華民族的藝術成就。

未來，香港藝術發展局將會繼續積極參與各項國際性的交流活動，以藝術與世界接軌。

香港藝術發展局主席 **馬逢國**

La Biennale di Venezia offre un'incredibile opportunità ad Hong Kong di esporre le opere dei propri artisti, e di mettere loro in contatto con altri mecenati dell'arte internazionali. La presente edizione della Biennale offrirà un'ulteriore occasione per celebrare con orgoglio le arti contemporanee cinesi, e per riunire artisti provenienti dalla Cina continentale, Hong Kong, Macau e Taiwan e le rispettive opere sotto un'unica egida.

L'Hong Kong Arts Development Council intende approfittare dell'entusiasmo della vibrante scena artistica locale per rinnovare la partecipazione di Hong Kong ad eventi internazionali, e accattivarci il resto del mondo tramite la nostra arte.

Ma Fung-kwok
Presidente, Hong Kong Arts Development Council

On the Road to Venice or Who Speaks for Whom When a Parrot Speaks for You? 威尼斯之旅或鸚鵡代言、誰為誰説話?

Sulla strada per Venezia oppure chi parla per chi quando un pappagallo parla per voi?

Norman Ford (and friend) 傅德明(及友人)

I must say, right from the start - I was not sure I wanted to curate in a Biennale. Don't get me wrong, I'm excited by the challenge and feel honored to have this opportunity. Its just that I'm not quite sure a show like this can be curated (how's *your* Chinese?). Perhaps I should explain.

From the beginning, I was interested in how Hong Kong, both literally and as a "representative" city, well, represents itself globally. Additionally, how cities, city-states, semi-states and nations show themselves to the world (and to Venice) is relevant beyond our Special Administrative Region's borders. (remember, this is not necessarily either for...or about...Hong Kong).

It's clear that cities create and employ representational strategies in promotion of a particular identity, accepting that this identity may not be concrete, clear or particularly successful. (Asia's world city?) Regardless, as a city identity

對於參與雙年展的策展工作,我得承認從一開始便有點拿不定主意。別誤會我的意思,我感到非常榮幸能有機會接受這項挑戰,只是有點兒懷疑這種展覽應如何策劃(「你」的中文行嗎?)。或許我該稍作解釋。

我一直很有興趣知道香港作為一個城市,一個具「代表性」的城市,如何在國際社會上展現自己。此外,我亦希望探討在特別行政區的身份以外,其他城市、城邦、半城邦及國家如何呈現自己與世界(及威尼斯)的相關性。(別忘記,這不一定與香港有關)。

為了向外推廣某種獨特的身份,不少城市均鋭意經營,採納不同的策略來展示自己,而且毫不介意這種身份缺乏具體清晰的內涵或成功與否。(亞洲的世界城市?)然而,當一個城市的身份變成品牌,便

Devo ammettere che, fin dall'inizio, non ero certo di voler rivestire il ruolo di curatore in una Biennale. Non fraintendetemi, sono onorato per l'opportunità offertami e accetto la sfida con entusiasmo. È solo che non sono sicuro di come uno spettacolo come questo *possa* essere curato (come ve la cavate voi con il cinese?). Forse dovrei spiegarmi meglio.

Da sempre sono rimasto affascinato da Hong Kong, sia letteralmente, sia per le modalità in cui questa città, così "rappresentativa", si presenta al mondo. Inoltre, la maniera in cui le città, le città stato, i semi stati e le nazioni si propongono al mondo (e a Venezia) è rilevante oltre i confini della nostra Regione ad Amministrazione Speciale (ricordatevi, l'opera non è necessariamente per... o a proposito di... Hong Kong).

È chiaro che le città creano e utilizzano strategie di rappresentazione per promuovere una specifica identità, accettando che tale identità potrebbe non essere concreta, chiara o riscuotere particolare successo. Tuttavia, nel momento in cui l'identità di una città diventa un marchio, essa esige la creazione di prodotti culturali veri tramite i quali promuovere sé stessa. Dagli enti per la promozione del turismo agli studi di architettura, dai dipartimenti governativi fino agli studi d'arte indipendenti, tutti concorrono

becomes a brand, it desires real cultural artifacts to substantiate itself. From tourism boards to architectural firms, from government departments to independent arts, city images are created and disseminated globally (and locally – collateral tourism) in vast quantities and in varying quality. Enormous amounts of time and money are spent in making our cities *visible* to the rest of the world (and of course to ourselves). This generates intricate networks of imaging strategies, interacting and competing for economic and cultural gain (and, not surprisingly, Hong Kong wants in on it).

Now, its not hard to imagine there would be a certain level of inferiority necessary to desire this sort of attention, and Hong Kong, in the company of many other sites, feels that inferiority (but disavows it). It feels this in a general way when it comes to Culture and, more specifically, when it comes to art and mainland-China. (**we** want to be art-stars too)

欲借助文化事物來充實自己。於是從旅遊發展局到建築設計公司，政府部門以至獨立藝術團體，紛紛營造大量品質參差的城市形象，競向全球各地 (包括當地本身) 推銷。結果大量的時間和金錢被投放於打造我們的城市，務求吸引世人 (當然還有我們自己) 的「注視」。在過程中，各式各樣標榜塑造形象的策略應運而生，形成縱橫交錯的複雜網絡，為爭取經濟和文化效益不斷互動競爭 (香港當然也希望如此)。

可以想像，一個地方要獲得這種注視需要一定程度的謙卑，而香港和其他許多地方一樣，均懷有那份卑微感 (但一般予以否認)。這份卑微感在文化的層面普遍存在，但去到藝術的領域及與中國大陸的交往，則愈發強烈和具體 (**我們**也希望成為藝術明星)。

a creare enormi quantità di immagini della città, di varia qualità, e a disseminarle globalmente (e localmente). Enormi somme di denaro e quantità di tempo sproporzionate vengono investite per rendere le nostre città, e noi stessi insieme a loro, *visibili* al resto del mondo (e, ovviamente, a noi stessi). Queste attività danno vita ad un'intricata rete di strategie di presentazione, interazione e competizione, volte a generare introiti e riconoscimento culturale (e, non sorprendentemente, Hong Kong vuole esserne parte).

Non è difficile immaginare che, per desiderare questo tipo di attenzione, il soggetto deve necessariamente accusare un certo senso di inferiorità, e Hong Kong, come molte altre città, soffre di questo complesso (anche se generalmente lo rinnega). Ne soffre in modo generale a livello culturale e, più specificamente, nel campo dell'arte in relazione alla Cina continentale (**anche noi** vogliamo essere artisti famosi).

Le motivazioni della città quindi non sono poi così misteriose (si tratta di un esercizio di tipo promozionale, volto a generare introiti, esposizione culturale e fama). Ma al di là (o al di sotto) di tutto questo, si tratta anche di dare un senso alla città, e da questa prospettiva le strategie d'immagine diventano pragmatiche e convenzionalmente prevedibili. Ma è anche un

So, the city's motivations are not mysterious (its a promotional/income/Culture/esteem generating exercise). But, beyond (or underneath) this, it's also about making meaning — and from this perspective, it is both pragmatic and conventionally predictable in its imaging strategies. Yet it can also empower... it can offer the opportunity for real-world intervention into the state of a city's culture and, importantly, influence how that culture is produced, packaged and consumed internationally (self-important?). It's something we as artists, designers, writers and architects do all the time anyway, though usually unintentionally. (collateral representation?) However, in Hong Kong we are at a transitional moment, the time when a city first starts to create a real, international image. This context offers up this moment...a time to choose between conformity, resistance or indifference (we chose all three just to be safe).

This process is the focus of *STAR FAIRY*'s critique. It is the problem I posed to the artists, asking them to respond to these issues, to use it as a jumping off point (or ignore the point entirely).

對於城市來説，其動機顯而易見(那只是一種推廣/賺錢/培養文化/尊嚴的業務)。但除此之外，亦關乎意義的創造─從這個角度看，城市在塑造形象所採取的策略便趨向實用和圍於傳統。然而，它亦同時可以賦予權力…讓現實世界介入製造一個城市的文化，更重要是影響它如何製造、包裝，及在國際社會上消費這個文化(自視過高?)。這些工作亦是我們藝術家、設計師、作家和建築師經常做的事，雖然通常是無心插柳(間接呈現?)。此際，香港正處於過渡時期，掙扎著為自己建立一個真實的國際形象。當下展覽主要是在順從、抗拒或漠不關心之間作出選擇 (以策萬全，我們三者都選了)。

上述的背景便是《星神僊》的批判焦點，亦是我向藝術家提出的問題，要求他們作出回應，並以此作為起步點 (又或是完全忽視這點)。

conferimento di potere... una legittimazione dell'intervento del mondo reale nel contesto culturale di una città, che influisce soprattutto nel modo in cui tale cultura è prodotta, confezionata ed infine consumata (ossia percepita) a livello internazionale. È così che noi artisti, designer, scrittori e architetti agiamo quotidianamente, anche se solitamente non in modo intenzionale (rappresentazione collaterale?). Hong Kong sta vivendo un momento di transizione, nel quale la città per la prima volta è chiamata a creare la propria vera immagine internazionale. Il contesto in cui ci troviamo ci offre questo momento... il momento di scegliere tra conformità, resistenza o indifferenza (noi abbiamo optato per tutte e tre, così, giusto per non sbagliarci).

Su questo processo si appunta la critica di *STAR FAIRY*. Questa è la problematica che ho posto agli artisti; ho chiesto loro di analizzare questi temi, e di usarli come piattaforma di lancio (o di ignorarli completamente).

Ho rivolto loro alcuni semplici interrogativi: in che maniera Hong Kong si propone al mondo? Quale tipo di strategie utilizza per dire "Questa è Hong Kong" quando si manifesta tramite le campagne pubblicitarie, le attività turistiche, il cinema, il design e così via?

I asked very simple questions: How does Hong Kong show itself to the world? What sorts of strategies does it use to say "This is Hong Kong" when it presents itself through ads, tourist promotions, cinema, design and so on?

Then, turning the questions around; why are we going to Venice? What can we say about our city in an event as multi-faceted, historic and prestigious (and as weighed down by tradition and history) as the 52nd Venice Biennale?

COLLATERAL REPRESENTATION?
STAR FAIRY sees this "representational" problem as the primary concern for Hong Kong's participation in Venice (that and the shipping of over 50 cubic meters of work to a place with no roads and more rules than a military boot camp). Regardless, this "strategy of representation problem" became the starting point for Amy Cheung, Map office (Laurent Gutierrez + Valérie Portefaix) and Hiram To who, in one way or another, had already been addressing these issues in previous work.

我提出的問題非常簡單：香港如何向世界展現自己？當香港透過廣告、旅遊推廣、電影、設計等來宣傳時，用了甚麼策略來展現「這便是香港」？

同樣，我們反問自己；為甚麼去威尼斯？在一個像第52屆威尼斯雙年展這項如此多面化、歷史悠久且享譽甚隆的盛事中 (背負傳統和歷史的重擔)，我們可以怎樣述說我們的城市？

「間接呈現？」
《星神僑》視「呈現」為香港在參與威尼斯這個視藝展的主要課題 (還有用船運載超過50立方米的藝術作品到一個沒有道路、規則多過軍營的地方等問題)。這個「展現策略的問題」已成為張韻雯、Map office (古儒郎和林海華) 及杜子卿的起步點，而他們亦曾在過去的作品中，以不同形式探討過相類似的問題。

Poi, ho invertito la domanda. Perché andiamo a Venezia? Cosa possiamo dire sulla nostra città in un evento così sfaccettato, storico e prestigioso (e così zavorrato da storia e tradizione) come la 52. Biennale di Venezia?

RAPPRESENTAZIONE COLLATERALE?
STAR FAIRY considera la questione della "rappresentazione" essere la problematica principale per la partecipazione di Hong Kong all'esposizione d'arte di Venezia (senza dimenticare il problema logistico posto dal trasporto via mare di oltre 50 metri cubi di opere d'arte in una città senza strade, e con regole più rigide di un campo di addestramento militare). Eppure proprio questa "strategia della problematica di rappresentazione" è diventata il punto di partenza per Amy Cheung, Map office (Laurent Gutierrez + Valérie Portefaix) e Hiram To, i quali, ciascuno a modo proprio, avevano già affrontato questi temi in opere precedenti.

Questo approccio diventa specialmente rilevante per la partecipazione di Hong Kong alla sezione "Eventi collaterali" (vuol dire che non eravamo previsti?), in quanto la Biennale di Venezia è l'ultima superstite delle esposizioni artistiche internazionali a struttura "nazionale". La Biennale di Venezia vive il proprio nazionalismo palesemente, senza vergogna, e

This approach is especially relevant for Hong Kong's participation as a "Collateral Event" (meaning, like collateral damage, we happened unintentionally?) as the Venice Biennale is the last of the "nationally" structured international art exhibitions. It is indiscrete and unashamed in its nationalism – and that's not a criticism. This directness cannot be found in many other Biennales (read big international exhibitions) which have long since eschewed this nationalistic structure. However, in the process, we have shifted the same issues to the curatorial platform (read exhibition catalog), turned it a source of critique (read, well, pretty much all the big shows in the 90s) or sometimes just pretended people don't come from anywhere anymore (read nomadic, third-spacers).

However, international exhibitions don't have much of choice. They have to deal with these issues in the practical realities of customs, duty, air tickets, rooms and shipping logistics, if nothing else – not to mention language, translation and interpreting. This is not to reduce the complex issues of national representation to logistics or translation. (*How* many languages does the catalog need to be in?). So, international exhibitions frequently negotiate with many of the same issues of

威尼斯雙年展是碩果僅存以「國家」為單位的國際展覽，香港以「周邊項目」(即我們的參與本非計劃之內？) 的模式參與就顯得別具意義。雙年展在國家主義方面表現得毫不忌諱，這並非是一種批判。而這種直接性在其他雙年展 (參看大型國際展覽) 可說絕無僅有，以國家為單位的模式更早已絕跡。然而，過程中我們卻把相同的問題轉移到策展的平台上 (參閱內文)，並演化成一種批判 (參考自90年代以來的各項展覽)，又或假裝不理會人們來自何時何地 (如遊牧民族、天外來客)。

事實上，國際性展覽也沒有甚麼選擇。他們要處理種種問題如關稅、機票、訂房及船運流程，以至語言、翻譯及傳譯等事宜。(場刊需要翻譯成多少種語言？) 因此，像威尼斯雙年展這樣的國際性展覽，也難免要在國家代表性等問題上大費周章，那管是字裡行間又或者是在製作上(在威尼斯，因為一切已清楚列明，我們知道每一個人來自何方)。

questa non è una critica. Questa franchezza è una qualità che oramai caratterizza solo poche altre Biennali (vale a dire, grandi esposizioni internazionali), avendo tutte le altre rifuggito da tempo la propria struttura nazionalista. Nel corso del processo, abbiamo trasferito gli stessi temi alla piattaforma curatoriale (vale a dire, al catalogo dell'esposizione), li abbiamo tramutati in una fonte di critica (vale a dire, per la maggioranza delle esposizioni dagli anni Novanta) o abbiamo a volte semplicemente finto che le persone non hanno più una patria di provenienza (vale a dire, sono nomadi, abitanti del terzo spazio).

Tuttavia, le esposizioni internazionali non hanno molto scelta. Devono gestire questi aspetti nella realtà pratica delle dogane, dei dazi, dei biglietti aerei, delle stanze d'albergo e delle logistiche dei trasporti, nella migliore delle ipotesi, senza parlare dei diversi idiomi, delle esigenze di traduzioni e interpretariati. (*In quante* lingue deve essere redatto il catalogo?). Tutte le esposizioni internazionali d'arte devono comunque affrontare molte delle problematiche relative alla rappresentazione di opere nazionali, proprio come avviene alla Biennale di Venezia, solo che ciò avviene tra le righe, o dietro le quinte (per lo meno a Venezia si sa da dove vengono tutti gli artisti, è scritto proprio lì, sui cartelli).

national representation as the Venice Biennale – just between the lines or behind the scenes (at least in Venice, we know where everybody comes from – its right there on the signs).

Even the irony (or is it a paradox?) that Hong Kong appears in Venice, separate and wholly apart from the very country in which it resides (where it "retrocessed" to – to which it was "handed over") now for the fourth time (the Biennale, not the handover), is rarely discussed or contested. Here, *STAR FAIRY* does attempt to address these issues, both through the complex layering of references found in all the installations and in how they reach out from Hong Kong, towards the mainland and beyond, both in their actual production (much of the works were "made in China") and in their conceptual engagement – but more on that below.

So, we set out to question this process, where a city seeks fame, cultural caché and framed it in the challenging Venice Biennale context purposefully engaging with the various strategies a city might use to represent itself. Each artist

即使諷刺（又或是奇怪）如香港在威尼斯的出現，前後四年(意指雙年展，不是回歸) 均完全與其國家 (主權國) 分離，也甚少引起爭議或討論。《星神僊》卻嘗試討論這些問題，一方面透過各件裝置作品中多重複雜的表述，以及它們如何在實際製作(大部分工序均在「中國製造」)及概念構思的過程，從香港伸延至大陸及海外。下文將會再作詳述。

一個城市為了追求揚名與文化資產，使出渾身解數，在充滿挑戰的威尼斯雙年展中傾力展現自己，我們的目的就是要質疑這個過程。於是，每位藝術家各自設計自己的軌道及回應，並對問題提供三種獨特(互相矛盾)的觀點。

Anche l'ironia (o forse il paradosso) che Hong Kong esponga a Venezia in modo separato e completamente indipendente dallo stesso Paese in cui risiede (al quale è "retrocesso", o al quale è stato "restituito") per la quarta volta (quarta Biennale, non retrocessione) è raramente fonte di dibattiti o contestazioni. Star Fairy cerca di affrontare questi temi sia attraverso la complessa pluristratificazione di riferimenti presenti in tutte le installazioni, sia tramite la maniera in cui essi si estendono da Hong Kong verso la Cina continentale e oltre, sia nella produzione vera e propria (molte delle opere esposte recano il marchio "Fabbricato in Cina") che nel loro significato concettuale. Mi spiegherò meglio più avanti.

Abbiamo quindi iniziato a lavorare mettendo in discussione il processo attraverso il quale una città ricerca la fama, il riconoscimento culturale, incorniciandoli nel contesto competitivo della Biennale di Venezia, sfruttando intenzionalmente le varie strategie attuabili da una città per rappresentare sé stessa. Ciascun artista ha in seguito pianificato indipendentemente le proprie traiettorie e risposte, conferendo tre distinte (vale a dire contraddittorie) prospettive ai quesiti.

A tali domande (quali è che erano le domande?) *STAR FAIRY* offre risposte inusitate e stimolanti. L'opera di Amy Cheung,

then planned their own trajectories and responses, bringing three distinct (read contradictory) perspectives to the issues.

STAR FAIRY offers some playful and engaging responses to these questions (what were those questions again?). Amy Cheung's *Devil's Advocate* connects with these representational problems through references to carnival rides, alienation and, as in many of her previous works, the materiality of the work. Producing a large scale freezer room enclosing a macabre, elegant Ferris-wheel type structure, Cheung's work turns the vertiginous experiences of carnival rides on its head. With glass enclosed, frozen human figures endlessly looping, the work closes off any interaction with the ride. As viewers, we are both literally and metaphorically frozen, as the ambient temperature within the room barely rises above 0 degrees Celsius. This is a darkly critical and playful approach. It transforms (perverts) the position of the player, rider or passenger. Left to watch and shiver, in a space that relieves the heat, we see the commodified consumer caught in a loop...frozen, cool – an intense contrast to the heat outside, allowing a simple empathy through a seductive use of the cold.

《星神僊》為上述問題提供了有趣的回應 (重申那是甚麼問題?)。張韻雯的《逆道行者》透過嘉年華遊玩、疏離感,以及她過往作品經常強調的物料性質,跟上述主題扣上關係。張氏利用一台巨型的冷凍櫃,內置一座巨大的摩天輪,把嘉年華遊玩的旋轉經驗顛覆過來。在密封的玻璃器內,人型冰雕不斷打轉,作品把內外的世界隔絕。作為參觀者,身處在攝氏零度以下的房間內,我們實際上和喻意上均被冰封,這是一種黑色批判及極度佻皮的表現方式。它改變(歪曲)了遊玩者、駕駛者或過路者的位置。置身一處發熱的空間內,邊凝視邊顫抖著,我們看到消費者被困在一個冰冷的循環內,相對於外間的高溫,透過冰冷造就簡單的感應或投射。

「間接回收」
那邊廂 Map office 的《混凝土叢林—鸚鵡的故事》卻以 (類似) 單刀直入的方式探討香港如何展現自

L'Avvocato del diavolo (Devil's Advocate) si ricollega ai problemi rappresentativi tramite riferimenti a giostre carnevalesche, all'alienazione e, come in molte delle sue opere precedenti, alla materialità dell'opera. Tramite la costruzione di un'enorme ghiacciaia contenente una struttura, allo stesso tempo macabra ed elegante, a forma di ruota di traghetto, l'opera della Cheung inverte le esperienze vertiginose delle giostre dei luna park. Tuttavia qualsiasi possibile collegamento con una ruota panoramica è reciso dalla presenza di figure umane di ghiaccio racchiuse in sfere di vetro che si rincorrono incessantemente. La temperatura ambiente all'interno della stanza raggiunge a malapena gli zero gradi, e lascia i visitatori letteralmente, e metaforicamente, gelati. L'approccio è minacciosamente critico e perversamente inusitato. Trasforma (pervertendo) la posizione del giocatore, del passeggero. Abbandonati a guardare e a rabbrividire in questo spazio che offre refrigerio dal caldo, ritroviamo il consumatore mercificato intrappolato in un circolo vizioso di gelo e refrigerio... un forte contrasto con il calore esterno, che permette una semplice immedesimazione o proiezione attraverso l'uso seducente del freddo.

RECLAMAZIONE COLLATERALE
L'opera *Giungla d'asfalto/Storia di un Pappagallo* (*Concrete Jungle/The Parrot's Tale*) di Map office, in opposizione all'opera di Amy Cheung, presenta un'installazione su larga scala che tratta la rappresentazione di Hong Kong in maniera

Map office 古儒郎 + 林海華
Gutierrez + Portefaix visit Charles de Beistégui's rooftop
2007

The apartment of Charles de Beistégui, architect Le Corbusier,
decorator Charles de Beistégui, 1931

Charles de Beistégui 住所，建築師 Le Corbusier，室內設計師
Charles de Beistégui，1931

L'appartamento di Charles de Beistégui, Architetto Le Corbusier,
Decoratore Charles de Beistégui, 1931

COLLATERAL RECLAMATION

Oppositionally, Map office's *Concrete Jungle / The Parrot's Tale*, presents a large-scale installation which addresses the representation of Hong Kong in a much more direct fashion (sort of). Beginning with a steamy, mist-filled island, roughly in the shape of Hong Kong Island, covered in oyster shells and inhabited by fake parrots, the work problematizes the act of representation itself. As the parrots pepper the viewer with critical questions (parrots never lie) there is a turning in on itself, an interrogation of why we are in Venice in the first place, questioning our right and ability to "speak" for Hong Kong.

Map office is also interested in how Hong Kong's strategies of representation relate to Mainland China, responding to the issues raised above. One aspect of their work is a *Personal Island*, a one-meter square monument to the 10th anniversary of Hong Kong's "retrocession" to China. This monument will be moved to the China pavilion at some point during the Biennale preview period – a "personal", private piece of space – a gift to China (a different kind of *reclamation*, speaking to our city's long-term obsession with [re]claiming ~~water~~-land). Connected to this are the oyster shells covering the

己的課題。他們的作品是一個狀似香港島、被潮濕霧氣籠罩及蠔殼覆蓋、住有機械鸚鵡的小島，一開始便將展現行為本身問題化。當鸚鵡連珠發砲地向參觀者提出諷刺性的問題時 (鸚鵡從不說謊)，矛頭便直指向我們，反問我們為何身在威尼斯，並質疑我們為香港「代言」的權利和能力。

此外，Map office 有興趣知道香港用來展現自己的策略與中國大陸的關係。他們的作品其中一部分是一個「私人小島」，一塊一平方米用來慶祝香港回歸十周年的紀念碑。這塊紀念碑(一塊「私人」空間)在雙年展預展期間將會被移往中國館作為送給中國的禮物 (一種另類收回，反映我們的城市長久以來對填海／土地收回的沉迷)。與此扣上關係的還有覆蓋小島的蠔殼，蠔殼來自香港北面的大型蠔場，一個在 Map office 作品重複出現的主題。取去蠔肉後蠔殼便被丟棄作堆填，然後不經意地化成一畝畝的填海地 (間接回收？)，彰顯廢物回收、循環再用及擁有權的主題。

molto più diretta (più o meno). Partendo da un'isola avvolta dalla nebbia, ricoperta di gusci di ostriche e abitata da pappagalli artificiali, la cui forma ricorda vagamente l'Isola di Hong Kong, l'opera problematizza l'atto stesso della rappresentazione. Così come i pappagalli incalzano i visitatori con domande critiche (i pappagalli non parlano mai da soli, tuttavia sono loro a decidere cosa ripetere), avviene un processo di interiorizzazione e ci domandiamo in primo luogo perché siamo venuti a Venezia, mettendo in questione il nostro diritto e la nostra stessa capacità di "parlare" in nome di Hong Kong.

Map office analizza inoltre i nessi tra le strategie di rappresentazione di Hong Kong e la Cina continentale, rispondendo agli interrogativi posti in precedenza. Una parte della loro opera si intitola *Isola Personale* (*Personal Island*), ed è un monumento di un metro quadrato costruito in commemorazione del decimo anniversario della "retrocessione" di Hong Kong alla Cina. Questo monumento sarà trasferito nel padiglione cinese durante il periodo di anteprima della Biennale, un pezzo di spazio "personale" e privato che gli artisti donano alla Cina (anche se non privo di critiche, con il suo "*reclamare*" lo spazio, e verbalizzando la perenne ossessione della città con il "reclamare" ~~acqua~~-terra dal mare). A tutto questo si collegano i gusci di ostrica che ricoprono l'isola, provenienti da un allevamento nella parte settentrionale di Hong Kong, un tema ricorrente nelle opere di Map office. Questi particolari gusci vengono

Hiram To 杜子卿
I Love You More Than My Own Death
2006-2007

Lenticular photographic transparencies, details
立體燈片 (局部)
Trasparenze fotografiche lenticolari, particolari

Photography 攝影 Fotografia: Baily Chan, Modern Colour, Hong Kong

island, a recurring motif in Map office's work and from a large oyster farm in the north of Hong Kong. These particular shells are thrown out after the meat is removed, each adding to acres of oyster fill, reclaiming land by accident (Collateral reclamation?) referring to waste, reuse, recycling and ownership.

Hiram To's complex installation *I Love You More Than My Own Death* weaves multi-layered references to displays of magic, game shows, China and contemporary art into Hong Kong's fascinating relationship with fame. With references to the early 20th century magicians Chung Ling Soo and Ching Ling Foo, one a "real" Chinese magician, the other an American dressed as Chinese, To's work pulls at the edges of meaning (rips it to shreds may be more accurate). Christopher Priest's novel *The Prestige* is a subtle but formative structure, dividing the work into "The Pledge", "The Turn" and "The Prestige", the three crucial parts of a magic trick. On top of this is a direct reference to the 1980s curator Christian Leigh and his infamous Venice Biennale show, where he reportedly ran out on the bills and disappeared...only to reemerge as an avant-garde film

杜子卿的裝置作品 *I Love You More Than My Own Death*，把魔術、遊戲節目、中國及當代藝術等多重意象，引申到香港與揚名的奇妙關係之中。藉著兩位二十世紀初的魔術師程連蘇(Chung Ling Soo) 和金連福(Ching Ling Foo)，一個是「真正」的中國魔術師，另一個是假扮中國人的美國人，杜氏的作品把意義推至極端 (或許更準確些是支離破碎)。Christopher Priest 的小説《致命魔術》(*The Prestige*) 結構微妙而緊密，作品分為「以虛代實」、「偷天換日」及「化腐朽為神奇」三部分，亦是魔術的三個主要部分。除此之外，還直接引用八十年代策展人 Christian Leigh 以及曾令人議論紛紛的威尼斯雙年展事件，據報導他拖欠賬項繼而不知所蹤⋯數年後卻以前衛電影導演姿態重現藝壇 (參看 C.S. Leigh 的 *Process*，有史以來最長的一幕自殺戲)。這些轉換及 / 或否認自己身份的魔術師和策展人(Leigh 在擔任策展人之前曾任時裝設計師)，均成為杜氏作品的主要元素。

solitamente scartati dopo l'estrazione del mollusco, e ciascuno di essi contribuisce ad accrescere ettari interi di discariche, "reclamando" terra per caso (Reclamazione collaterale?) con chiari riferimenti ai concetti di rifiuto, riutilizzo, riciclaggio e proprietà.

L'elaborata installazione di Hiram To *Ti Amo Più Della Mia Stessa Morte* (*I Love You More Than My Own Death*) intreccia allusioni pluristratificate, come ad esempio i trucchi di magia, i quiz televisivi, la Cina e l'arte contemporanea, all'affascinante relazione tra Hong Kong e il suo desiderio di fama internazionale. Rievocando due illusionisti degli inizi del Novecento, Ching Ling Foo e Chung Ling Soo, il primo un "vero" mago cinese, il secondo un americano travestito da cinese, l'opera di To espande i confini del significato (più correttamente, li fa a brandelli). Christopher Priest, nel suo romanzo *The Prestige*, adotta una struttura sottile ma formativa e divide la sua opera in tre atti, "The Pledge" [La promessa], "The Turn" [La svolta] e "The Prestige" [Il prestigio], che corrispondono a i tre momenti cruciali di cui si compone uno spettacolo di magia. L'artista inoltre crea un riferimento diretto al curatore degli anni ottanta Christian Leigh, e al suo malfamato progetto presentato alla Biennale. Leigh sarebbe svanito nel nulla da Venezia, lasciando dietro di sé un lungo elenco di conti da pagare... per riapparire alcuni anni dopo nei panni di regista d'avanguardia (vedere il film di C.S. Leigh, *Process*, contente la scena di

director a few years later (see C.S. Leigh's *Process* for the longest suicide scene ever). These magicians and curators who transform and/or deny their identities become critical components of To's installation.(Leigh was a fashion designer before a curator)

It's this fluidity of meaning, this undoing (exploiting) of representation that connects to the overall premise of the show. Through its overly complex layering of meaning, diffusing and deferring, we exchange direct reference for a chasing of endless chains of relationships, narratives and fruits (did I mention Mao loved mangos?), To seems to at once seduce through sheer elegance and deter through density.

STAR FAIRY does not provide answers (STAR FAIRY is the answer?). But it does present articulate, critical responses to important questions of how meaning is generated through our representational strategies, how we show our cities to the world – and how we see ourselves within these processes.

就是這種意義的流動性，這種展現的還原 (或槓桿)性與展覽的整個背景連繫起來。透過多重複雜的意義，縱橫交錯，以層層緊扣、延綿不絕的關係、敘述和生果 (我有提及毛澤東愛吃芒果嗎？) 來取代直接的舖陳，杜氏企圖以壯觀和高密度的場面來達至誘惑和威嚇的雙重效果。

《星神儡》沒有提供答案 (星神儡便是答案？)。但對於一些重要的問題 — 如何透過展現的模式來衍生意義、我們如何向國際社會展現我們的城市、在過程中我們又如何看待自己 —《星神儡》的回應意味深長，叫人反思。

suicidio più lunga della storia). Questi illusionisti e curatori (prima di intraprendere la carriera di curatore, Leigh era stato stilista di moda), che trasformano e/o rinnegano le proprie identità, diventano dei componenti critici dell'installazione di To.

È questa fluidità di significati, questo disfare (o livellare) della rappresentazione che collega l'opera alla premessa principale del progetto. Attraverso la complessa pluristratificazione di significati, che si diffondono e si rimandano, barattiamo riferimenti diretti per un concatenarsi infinito di relazioni, narrazioni e frutti (ho già detto che Mao amava i mango?) e To sembra allo stesso tempo sedurre con eleganza pura e dissuadere con intensità.

STAR FAIRY non fornisce risposte (che sia Star Fairy la risposta?). *STAR FAIRY* offre tuttavia soluzioni articolate e critiche ai quesiti fondamentali di come le strategie di rappresentazione e la maniera di proporre le nostre città al mondo raggiungano uno scopo, e sul ruolo che desideriamo rivestire in questi processi.

AMY CHEUNG
張 韻 雯

Playing Devil's Advocate

Alice Ming Wai Jim 詹明慧

逆道行者這角色

L'avvocato del diavolo

Playing devil's advocate is not an easy task at a time when the accelerating disintegration of the social, intertwined with unparalleled technological advances and the endless availability of consumable pleasures, makes attempts to arrive at a hypothesis of utopic viability or to even imagine alternative societies seem either incredibly futile and impractical, or, at the other extreme, waywardly self-indulgent. The recent work of Amy Wan Man Cheung, however, appears to move peripatetically between these arguments while at the same time wrestle with their implications for the political. Her large-scale sculptures and public art projects entail restless and anxious oscillations between fantasy worlds and haunting reflections of life's realities, whimsical childhood fairytales and serious sci-fi commentaries, the total enchantment of surface effects and the ironic scrutiny of both. Cheung also plays extensively with heavy contrasts in her exploration of the material possibilities of installation: soft and hard, hot and cold, fragile and durable, transparent and opaque, the familiar and the unexpected. Neither exalted nor condemned, these oppositions-their unresolved tensions, the ways in which they constitute, contest and connect with each other-when taken as a dialectical system, help dislodge the artist's production from its otherwise

面對社會的急速變化，交織著前所未有的科技躍進和源源不絕的消費享受，高唱要探討實現烏托邦的可行性，甚或設想不同形式的社會面貌，可説是白費心力、不切實際；又或從另一個極端看，根本是自我沉醉。要在這當兒扮演逆道行者的角色殊不容易。然而，張韻雯的近作大膽地在上述論點之間浮游穿插，並著力彰顯其政治含義。她的大型雕塑作品及公共藝術計劃肆意穿梭於幻想世界和攝人的現實、異想天開的童話故事和嚴肅的科幻評論之間。其作品外型吸引，同時對想像和現實加以諷刺檢視，引發出不安和焦慮的震撼。此外，在探索裝置物料的可塑性方面，張氏亦盡情在作品中發揮柔軟與堅硬、熱與冷、脆弱與堅韌、透明與不透明、熟悉與意外種種強烈的對比。若從辯證的角度觀之，這些對比 — 包括它們之間未能解決的矛盾、組成、相互競爭和聯繫的模式，可把創作從膠著的狀態中釋放出來，同時強化其所塑造不同世界的效果，張氏稱此創作狀態及其領域為文化想像和社會經濟關係角力的「建築工地」。

Fare l'avvocato del diavolo non è un compito semplice in un'epoca in cui la crescente disintegrazione della struttura sociale, intrecciata a sviluppi tecnologici senza precedenti e ad un'infinita disponibilità di piaceri consumistici, rendono gli sforzi per realizzare un'ipotesi di sviluppo utopico, o anche solo immaginare società alternative, incredibilmente futili e poco pratici, oppure, all'altro estremo, vizi capricciosi. L'opera recente di Amy Wan Man Cheung sembra tuttavia muoversi peripateticamente tra questi temi, e allo stesso tempo lottare con le relative implicazioni politiche. Le sue sculture giganti e i suoi progetti d'arte pubblica richiedono allo spettatore passaggi ansiosi e irrequieti tra mondi fantastici e ossessionanti riflessioni sulla realtà della vita, tra bizzarre favole per bambini e seri documentari di fantascienza, tra il completo incanto degli effetti superficiali e lo scrutinio ironico di entrambi. Inoltre, Amy Cheung, esplorando le possibilità materiali offerte dalle installazioni come forma d'arte, ama giocare con i forti contrasti: soffice e duro, caldo e freddo, fragile e resistente, trasparente e opaco, il familiare e l'inaspettato. Né esaltate né condannate, queste opposizioni, le loro tensioni irrisolte, il modo in cui si costituiscono, si contestano e si collegano tra loro, se considerate come sistema dialettico, aiutano a dislocare le opere dell'artista dalla loro condizione altrimenti paralizzante

age 19 頁

evil's Advocate

ight 右圖　A destra

own the Rabbit Hole, 'TAXI!'
ays Alice. Intervention in
ublic Space
004

aralyzing conditions and intensify experiences of the different worlds she creates – "construction sites," as she calls them
f the cultural imaginary and the real of socio-economic relations.

Recurring vehicular dream objects dominate Cheung's recent work in the large. Sculptural interventions-such as
Down the Rabbit Hole, 'TAXI! says Alice (2004), a lopsided red cab showing up in various *geographies of nowhere* (of the
ype of James Howard Kunstler) in Hong Kong and Guangzhou from taxi queue to parking lot to pier front-cross over to
eality for a split second when encountered in unanticipated civic places. At the Hong Kong Heritage Museum, *A Bleeding
Toy From Childhood* (2006), a huge life-size military tank realistically-rendered and made of wood typically used for children's
nodel kits, is surrounded by thick walls of plastic blister packaging that are part of the overall exhibition design, but onto
which Cheung emblazoned motifs of guns, bombs and other weapons of mass destruction. Equipped with an interactive
ideo game console inside, the tank points to speculations on the transformation of an instrument of war into a deluxe sit-

張氏近作中，類似汽車的物體不斷重複出現。她的雕塑作品 — 例如《墮墜兔穴，愛麗絲細語指「的
士!!!」》(2004 年)，一輛傾斜的紅色的士雕塑出現在香港和廣州「什麼地方都不是的地理面貌(套用 James
Howard Kunstler 用語)」，從的士人龍、停車場到碼頭岸邊，藉著現身於意想不到的公共地方，瞬間跨界並
融合於現實中。於香港文化博物館展出的《玩(耍血肉恐怖之器)具》(2006年)，展示一輛仿真實大小、用兒
童積木常用的物料製成的坦克車，車身四周被透明的塑料包裝盒圍著。細看之下，機槍、手榴彈及其他大殺
傷力的武器隱若呈現於盒上，這寓意「殘酷」也可被大眾任意 「消費」嗎？車廂內還設有互動電腦遊戲，
可讓觀眾在虛擬世界內自由摧殘炸毀展場內的其他展品。作品激發觀眾反思戰爭武器被轉化為豪華包廂並提
供網絡電視、像真度極高的暴力娛樂。《太空沙發漫遊3000》(2002年)，兩張巨型紅色沙發的底部被挖空佈
置成一間遊戲房：精密的兒童專用太空指揮中心，配備螢光幕的控制室，還有更衣室及浴室，內設各種形狀

a intensificare le esperienze dei mondi diversi da lei creati, i "cantieri" come ama definirli, dell'immaginario culturale
del reale delle relazioni socio-economiche.

Gran parte delle opere più recenti di Ami Cheung sono dominate dalla presenza di veicoli da sogno. Interventi scultore
ntrano per pochi attimi a far parte del mondo reale quando incontrati inaspettatamente in luoghi civici, come lo sbilenco tax
osso protagonista dell'opera *Nella tana del coniglio*, " *TAXI!' chiama Alice* (*Down the Rabbit Hole, 'TAXI!' says Alice*) (2004)
he appare in diverse *geografie del non luogo* (come le definisce James Howard Kunstler) di Hong Kong e Guangzhou, da
ode per taxi a parcheggi, a banchine del porto. Esposta all'Hong Kong Heritage Museum, l'opera "Un giocattolo sanguinante
dall'infanzia" (*A Bleeding Toy From Childhood*) (2006) è un enorme carro armato militare, costruito in modo estremamente
ealistico e a grandezza naturale con il legno solitamente usato per i kit di modellismo per bambini. Il carro armato è circondato
da spesse mura di materiale per imballaggi a bolle d'aria, che fanno parte della stessa opera espositiva, e che la Cheung ha
nerò decorato con sagome di fucili, bombe e altre armi di distruzione di massa. Dotata di una console per videogame interattiv

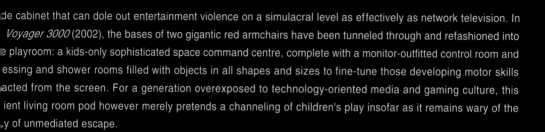

de cabinet that can dole out entertainment violence on a simulacral level as effectively as network television. In *Voyager 3000* (2002), the bases of two gigantic red armchairs have been tunneled through and refashioned into e playroom: a kids-only sophisticated space command centre, complete with a monitor-outfitted control room and essing and shower rooms filled with objects in all shapes and sizes to fine-tune those developing motor skills acted from the screen. For a generation overexposed to technology-oriented media and gaming culture, this ient living room pod however merely pretends a channeling of children's play insofar as it remains wary of the y of unmediated escape.

e relatively short distance between dreams of a better tomorrow and its potentially disastrous collision with ion nightmares is exposed in *Untitled (The Population)* (2002), a public art project first created in the port city of Taiwan. A shipping container constructed entirely out of Plexiglas provides the videotecture onto which images are

勿件供孩童調適他們的活動技能。對於過份受以科技為主導的媒體和遊戲文化影響的一代來說，這 寢室艙只能偽裝作孩童的頑耍地，卻無法讓他們從現實中逃脱。

欠在台灣高雄貨櫃藝術節展出的公共藝術計劃 —《無題(眾生)》(2002年) ，張韻雯把對明天會更好 交通運輸夢魘之間可能出現的災難性衝突表露無遺。在一個全由有機玻璃製成的透明貨櫃前端，給 祥鬼魅難辨的軀體，在天空中沒完沒了的不斷翻滾，但永不著地。光亮透明的貨櫃 (透視著影像盒子 其「空無」在晚間看起來更顯眩目耀眼，與2000年7月在英國多佛市一架貨櫃車內發現的58具窒 華人屍體頓成天堂地獄般的強烈對比，作品頓成了一個臨時的紀念碑。在這個魔法失靈的灰姑娘版 版運故事中 (細看原來有一頭古怪的小小石雕山羊，它幼小的頸上無故被捆綁了一條鎖鏈，似是被

a di pilotaggio, l'opera punta alle speculazioni sulla trasformazione di uno strumento da guerra in un videogioco di ce di fornire un simulacro di violenza d'intrattenimento tanto efficacemente quanto una rete televisiva. In *Spacesofa* '00 (2002), le basi di due poltrone rosse giganti sono state scavate e trasformate nella stanza da gioco ideale: un centro di controllo spaziale solo per bambini, completo di centro di comando e schermo, con uno spogliatoio e una agno con doccia attigui pieni di oggetti di tutte le forme e dimensioni per stimolare la motricità fine dei bambini istraggono dallo schermo. Tuttavia, questa capsula di spazio vitale finge solamente di poter incanalare il gioco dei generazione eccessivamente esposta ad una cultura di giochi e media tecnologicamente orientati, e rimane e dell'impossibilità di un'evasione non mediata.

Page 24 頁

$ on China, Architecture and Landscape design
in collaboration with Erkka Nissinen
2003

Page 22-23 頁

A Bleeding Toy from Childhood, Interactive Media Installation,
Hong Kong Heritage Museum, Hong Kong
2006

projected of an unidentifiable ghostly population of tightly-tucked bodies rolling across the sky bracing for their inevitable gravitational fall. Opulent when seen by night, with cargo transparency as its leitmotif (the visceral contents of this cinematic box are entirely visible), the glowing structure's affect is in stark contrast to the tragedy of concealment and entrapment behind the 58 dead Chinese bodies found asphyxiated aboard a container truck in Dover, England, in July 2000, for which this piece is a temporary memorial. In this dysfunctional Cinderella tale of illegal human trafficking (a strange small stone goat is shackled to the premises, next to a pair of stone baby shoes), the collective learned fantasy of a utopia on the other side of the globe, despite enormous calculated risks and the perils of a hazardous journey, cannot be disassociated from one of the most spectacularized fantasies of economic domination in recent history: Disney's utopian lands of milk and honey.

In her latest work, *Devil's Advocate: A Song And A Landscape* (2007), Cheung turns to the urban trope of Fantasy City (to use John Hannigan's term) with an alternative vision of Michael Sorkin's formulation of "the city as theme park." In this

詛咒了…因而要背負這龐然巨櫃飄洋過海，急忙中有誰遺了一雙嬰兒小石鞋?)，大夥兒甘冒巨大的風險和忍受漫長的凶險旅途，全因對地球另一端的烏托邦深存幻想，這與近代歷史最顯赫的經濟力量所建構的夢幻王國：迪士尼的世外桃源，有著密不可分的關係。

張氏最新的作品《逆道行者之水墨：裂石霜天》(2007年)運用Michael Sorkin的「主題公園式城市」概念來處理夢幻城市（套用John Hannigan的用語）的喻象。透過熟悉的主題公園架構，這個裝置作品對時下追捧的都市景觀、集體記憶和星級文化提出強烈的批判。

像香港這類國際城市，地貌的改變每每受有關歷史建築文物的拆毀與保存引起的激烈辯論主宰。當局

costruito interamente in plexiglas fornisce l'architettura video, la *videotecture*, per l'opera, offrendo le sue facciate come schermi per la proiezione delle immagini di una popolazione spettrale di corpi non identificabili, chiusi in posizione fetale, che rotolano nel cielo e si preparano per l'inevitabile caduta gravitazionale. Al calare del buio l'installazione diventa opulenta, con la trasparenza del container che gioca il ruolo principale (il contenuto viscerale della scatola cinematica è perfettamente visibile). L'effetto luminoso della struttura è in netto contrasto con la tragedia della condizione di clandestinità e di prigionia delle 58 persone di etnia cinese trovate morte asfissiate a bordo di un container nel porto di Dover, in Inghilterra, nel luglio 2000, per le quali questa opera vuole essere un monumento commemorativo temporaneo. In questa favola disfunzionale di Cenerentola e di traffico illegale di uomini (una bizzarra capretta di pietra è ammanettata al sito espositivo, vicino ad un paio di scarpette da neonato in pietra), la fantasia collettiva di un'utopia che si trova dall'altra parte del pianeta, bramata nonostante gli enormi rischi calcolati e i pericoli di un viaggio epico, non può essere dissociata da una delle fantasie più spettacolarizzate di dominazione economica della storia recente: le terre utopiche disneyane di latte e miele.

istallation, a critique of the present-day fascination with urban spectacle, memory and star culture is initiated through the deployment of familiar theme park structures.

Intense debates on the destruction versus preservation of heritage buildings seem to order the transformation of urban landscapes in world cities like Hong Kong. Lamentable losses of monuments to Hong Kong's cultural identity in 2006 for the artist include the closing of the city's oldest prison built in 1841 when it was ceded to Britain and the demolition of the fabled Star Ferry terminal to make way for a four-lane highway in the city centre. The latter's replacement by a new "imagineered" pier built farther out into the harbour on reclaimed land was not entirely unforeseeable given the opening of Hong Kong Disneyland, the city's latest entertainment draw, on Lantau Island the year before at costs to taxpayers recoverable beginning in a decade's time.

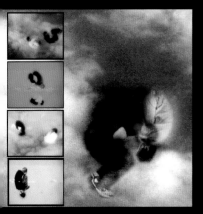

關閉於1841年香港割讓給英國時興建的最古老監獄，還有拆卸天星碼頭，把原址改建為雄踞市中心的四線行車高速大道，藝術家認為可嘆是這些文物倒下同時見證香港文化身份的失落。前年都市新貴香港迪士尼樂園在大嶼山開幕，納稅人所負擔的興建費用要十年後方可開始回本，有例可援，舊的天星碼頭會被建成在填海區上的新型「夢幻式」碼頭所取代亦不難預見。

張韻雯在雙年展的作品，一座實質為巨型冷凍肉櫃的鋼型結構，內藏了一台外型雖然像充滿刺激的六臂旋轉機，但操作時卻像

Nella sua ultima opera *L'avvocato del diavolo: una canzone e un paesaggio* (*Devil's Advocat: A Song And A Landscape* 2007), Amy Cheung affronta il traslato urbano di *Fantasy City* (per usare il termine di John Hannigan) con una visione alternativa della definizione di Michael Sorkin della "città come parco a tema.". L'installazione, una critica all'odierna infatuazione per lo spettacolo urbano, promuove la cultura della memoria e delle stelle, tramite l'utilizzo delle familiari strutture dei parchi a tema.

La trasformazione del paesaggio di città di importanza mondiale, come Hong Kong, sembra essere dettata da accesi dibattiti a favore o contro la distruzione o la conservazione di edifici storici. L'artista lamenta la perdita nel 2006 di alcuni dei monumenti più rappresentativi dell'identità culturale di Hong Kong, tra i quali la chiusura della più antica prigione della città, costruita nel 1841 e ceduta alla Gran Bretagna, e la demolizione del leggendario imbarcadero dello Star Ferry per lasciar posto ad un'autostrada a quattro corsie nel centro cittadino. La sostituzione del vecchio punto di attracco con un nuovo molo, un'opera di "fantaingegneria" costruita interamente su terra di riporto più all'interno della baia, non era d'altronde del tutto imprevedibile, in considerazione dell'apertura l'anno precedente sull'isola di Lantau di

Atom Ocean: Once we're Dead,
We Don't Have to Worry about Dying Anymore
2006

Inside her current work for the Biennale, what is essentially a large refrigerated meat locker, a tall steel structure, though modeled after the six-armed Power Surge thrill ride, disappointingly operates like a Ferris wheel, slowly rotating one round per minute like a beacon at the end of the long dark room. Sealed off from the world outside and, to an extent, its larger mega-exhibition context, the mood of this room, cool and sterile, is more evocative of the controlled environment of a science laboratory than the uninhibited carnevalesque atmosphere of a theme park (*à la* Mikhail Bakhtin). Instead of seats filled with love-struck teenagers hoping for the picture perfect perch (there is of course no spectacular landscape view to behold here), at the end of the wheel's arms are fragile transparent spheres encasing crudely-fashioned ice figurines of elderly people, which, while not sufficient in number or variance to suggest a city population, amply intimates the global ageing crisis. Previously, Cheung used frozen molded figures in *Atom Ocean* (2006), a morose *vanitas* installation of four humanoid creatures supplicating in a raised round tank and destined to eventually melt through connected tubes into their sand-sculpted counterparts below. In *Devil's Advocate*, observations on human fallibility and the transience of life seem to have crystallized into prescriptions of techno-

摩天輪般每分鐘以慢速轉動一周，活像黑房盡頭的一座燈塔。在與外界、包括展覽場館完全隔絕的情況下，這間冰冷枯燥的房間，散發出一種科學實驗室的味道，而非(Mikhail Bakhtin式)主題公園嘉年華會般狂歡、無拘無束的氣氛。摩天輪吊臂盡頭坐著的並非一對對渴望佔據最佳觀景位置的熱戀少男少女(當然那裡沒有甚麼秀麗可觀的地貌)，而是一個個載著冰雕老年人的易碎透明球體，雖然他們的數目和多樣性並不足以代表都市人口，卻充份反映全球人口老化的危機。在此之前，張氏在題為《原子海洋》(2006年)的作品中，利用人型冰雕造成一個靜態的裝置，升高的圓型玻璃箱內裝著四個正在默禱的人型冰雕，冰雕最後必經溶解的過程，之後溶解的水隨著連接管道同時分解溶掉玻璃箱下面的沙雕。《逆道行者》哀泣生命之輪的冰冷，慨嘆剎那閃光僅暫存，行聽其盡頭的悲歌。這些觀察被凝結成科技療法的處方，專為未來的人類而設。那些脆弱易碎的冰雕—按張氏的説法：「這些長久被極地寒霜保存下來的個體，早已老弱；享生命的餘暉，一個個的命運

Hong Kong Disneyland, la più recente attrazione turistica della città, il cui costo i contribuenti potranno cominciare a recuperare tra un decennio.

Nella sua opera attuale per la Biennale, costituita essenzialmente da un grande cella frigorifera per carni, un'alta struttura in acciaio, progettata sul modello della giostra a sei braccia per gli amanti delle forti emozioni *Power Surge*, si muove in realtà come la ruota di un battello, lasciando gli spettatori delusi e compiendo un solo giro al minuto, come un faro posto in fondo ad un lungo corridoio buio. Isolato dal mondo esterno e, fino a un certo punto, dal più ampio contesto dell'esposizione internazionale, questa stanza fredda e sterile evoca maggiormente l'ambiente controllato di un laboratorio scientifico che l'atmosfera carnevalesca e disinibita di un parco a tema (alla Mikhail Bakhtin). I sedili che solitamente si trovano alle estremità dei bracci della ruota, condivisi da adolescenti innamorati che sperano di catturare una vista da cartolina (dall'installazione ovviamente non è possibile ammirare alcun paesaggio mozzafiato) sono sostituiti da fragili sfere trasparenti, che racchiudono figure antropomorfe di anziani, solo grossolanamente abbozzate, e costruite completamente di ghiaccio. La Cheung aveva

therapies for the body of the future. All unique and in different sleeping positions, the frail frozen figures – "citizens of a reality that might mirror our own but has its own logic," according to Cheung – seem to float mid-air in cryogenic pods that help constitute their own little Experimental Prototype Community Of Tomorrow (*pace* Disney).

Suspended in time, these senior denizens dwell without noise, bodily excess, risk of contamination or threat of social chaos; basically with none of the messiness of life. In this secluded environment, homelessness is a non-issue, heritage is a thing of the past, and the daily business of living and dying is just that. Circumstances, though, not unlike compact city living (except for the glass ceiling, and maybe the frigid temperatures) make it a pretty dull existence: despite not being more than three metres from each other, anonymity and isolation prevail here as well. On the flip side, the wheel of fortune's resemblance to a gigantic molecular model in star formation also brings forward related ecotopian commitments to the prehistory of the earth. In the early conceptual stages of the work, Cheung indicated that in questioning the possible meanings of Hong Kong's

縮影，按他們自己的存在邏輯繼續與星月同行。」— 獨特而睡姿不一地浮遊於低溫吊艙的半空中，構成一個 (引用迪士尼 Experimental Prototype Community of Tomorrow 概念的) 未來世界。

這些年長的居民被凝結於時空之內，生活於寂靜之中，沒有多餘的口腹之慾，不受污染或社會動盪的威脅；基本上不用面對生活中亂七八糟的經歷。在這個隔絕的環境中，無家可歸不成問題，文化遺產只屬過去式，對日常的生老病死亦無動於衷。這種景況看似與擠迫的都市生活無異 (除了玻璃天花頂和冰冷氣溫之外)，然而，卻嫌單調乏味：雖然物體之間只有少於三米的距離，但陌生與疏離依然瀰漫著整個氣氛。反過來看，摩天輪貌似一座巨大的星型分子模型，也可視之為對史前地球生態的彰顯。事實上，在作品構思的階段，張氏質疑香港目前自我宣傳為六星級國際都市的含義背後，應否積極反思:「一顆星如何在爆炸中誕生，因而

già utilizzato figurine di ghiaccio sagomato in *Atom Ocean* (2006), una tetra installazione Vanitas composta da quattro creature umanoidi in posa supplicante, poste in una vasca rotonda sopraelevata, e destinate a sciogliersi e riversarsi, attraverso una serie di tubi, nelle rispettive controparti in sabbia sottostanti. Nell'opera "L'Avvocato del Diavolo" le osservazioni sulla fallibità umana e sulla caducità della vita sembrano essersi cristallizzate in prescrizioni di tecno-terapie per il corpo del futuro. Uniche e in posizioni dormienti differenti, le fragili figurine di ghiaccio, "cittadini di una realtà che potrebbe rispecchiare la nostra, ma che possiede una logica propria", come le definisce la Cheung, sembrano fluttuare nell'aria in capsule criogene che contribuiscono a costituire il loro piccolo Prototipo di Comunità Sperimentale del Futuro (con il permesso della Disney).

Sospesi nel tempo, gli anziani abitano uno spazio senza rumori, libero da eccessi fisici, da rischi di contaminazioni o caos sociale; in poche parole, sopravvivono senza sporcarsi le mani con la vita. In questo ambiente isolato il problema dell'essere dimora non esiste, la tradizione diventa un concetto del passato, e l'affaccendarsi giornaliero del vivere e del morire è percepito semplicemente come tale. Le circostanze, tuttavia, in modo alquanto simile alla convivenza forzata cittadina (se fatta eccezione

current star status, she was "most interested in how a star is formed in the forces of explosion, destruction and fire that illuminate the universe." "How much destruction," she wonders, "is needed in order to be reborn?"

As in earlier works, *Devil's Advocate* invites contemplation both at the level of representation and in its technical constitution. The urban fantasy is the starting point of the work's proposition: an understanding of the fantasy city not solely as a site for the fulfillment of desire, of fascination and attention, but as a construction site that by definition is always in process and wherein lies the possibility of a continuous reassessment and reconstruction of the relationship between human nature and technology. The installation does not necessarily suggest that the fantasy city is not as it should be: the beauty of the cryogenic garden as a paradigm of a utopian futurism is embraced. Rather, in the course of moving through the accentuated landscape approached ironically and ambiguously, the criticality of Cheung's work lies in its raising an acute awareness of the fragility and escape vulnerability of the very 'conworlding' process itself (to put it in gaming terms). If the glassy baubles were

成為點燃宇宙的火光」，感慨我們表面上的所謂星級地位「究竟要歷經多少破壞，裝飾，再破壞，才可重獲新生？」

如張氏的早期作品一樣，《逆道行者》激發觀眾同時思考作品的表徵意義和技術內涵。都市幻想是作品的起步點：夢幻都市不僅作為滿足慾望、幻想和注意力的場所，同時亦是一個進行式的建築工地，容許不斷重新評估和重建人性與科技之間的關係。裝置並不是否定夢幻都市的存在模式：低溫花園的美態已被接納為未來理想國度的範式。在穿越突出的地貌時，張氏的作品讓參觀者意識到虛擬世界的過程 (套用遊戲術語) 本身之脆弱和不穩定。假若那些玻璃小玩意跌落地上，瞬即便化為碎片，如墨裂石；又如果冷凍科技失靈，一眾老年冰人便會溶解，復回歸於最初那淡水寂靜狀態。《逆道行者之水墨》是否為一幅未來世界景觀的預言

per il soffitto in vetro e, forse, per le rigide temperature) rendono l'esistenza estremamente noiosa: sebbene le figurine si trovino a tre metri una dall'altra, anche qui, come in città, l'anonimato e l'isolamento predominano. Come rovescio della medaglia, la rassomiglianza della ruota della fortuna ad un gigantesco modello molecolare a forma di stella richiama impegni di ecotopia alla preistoria della terra. Durante le fasi iniziali di concezione dell'opera, Amy Cheung ha affermato che ponendo in questione i possibili significati dell'attuale statuto di stella di Hong Kong, "il suo interesse principale era quello di comprendere come una stella nasce da forze esplosive, distruttive e dal fuoco che illuminano l'universo". Il suo quesito pertanto è "Quanta distruzione è necessaria prima di poter rinascere?"

Il progetto *L'avvocato del diavolo*, così come altre opere precedenti dell'artista, invita il pubblico alla contemplazione sia dell'opera quale rappresentazione, sia alla sua costituzione tecnica. La fantasia urbana è il punto di partenza dell'intento dell'opera: la città fantastica concepita non esclusivamente come luogo dove poter soddisfare i propri desideri, di fascino e di attenzione, ma anche come un cantiere dove i lavori sono, per definizione, sempre in corso, e che permette costanti rivalutazioni

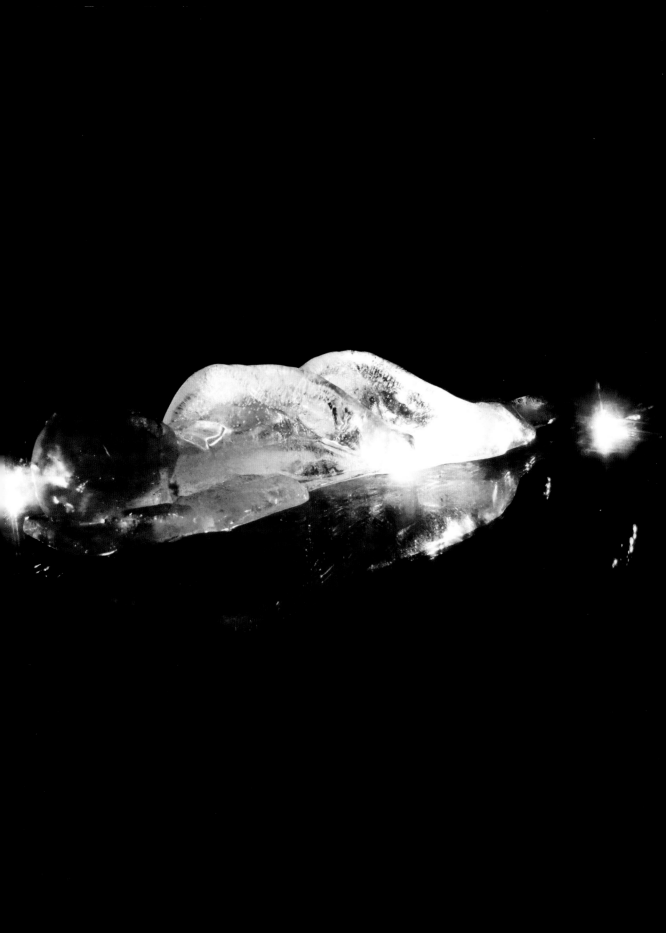

to fall to the ground, they would shatter into shards; or, if the cooling technology fails, their human consignment would liquidate, turning back into its previous elemental state. Playing devil's advocate would paint the former as a picture of future society at its apocalyptic worst and the latter as probably no better in its deliverance of interim ecological worlds contained perpetually in souvenir Ocean Park snow globes. But with the idea of utopia in dire need of some serious effective therapy if it is to stay alive, to paraphrase Fredric Jameson; perhaps what is simply being pointed out by Cheung's *Devil's Advocate* is that the present world and its visions for the future are ultimately entirely of human design.

圖？倘若人類的慾望是無窮無盡，未來的科技可否把一切災難永遠凍結，讓被破壞了的生態世界永遠只凝固於海洋公園的雪球紀念品內。如果希望烏托邦持續發展，就必須認真尋訪有效的療法，引用 Fredric Jameson 的說法：張氏的《逆道行者》指出現今的世界和其對未來的願景，最終都是人的設計和構想。

e ricostruzioni delle relazioni tra natura umana e tecnologia. L'installazione non vuole necessariamente insinuare che la città fantastica non è come la si vorrebbe: si abbraccia la bellezza del giardino criogeno quale paradigma di futurismo utopico. Piuttosto, muovendosi attraverso il paesaggio accentuato, affrontato in modo ironico e ambiguo, la criticità dell'opera della Cheung è quella di risvegliare una consapevolezza acuta della fragilità e della vulnerabilità di evasione dello stesso processo di realizzazione di questo mondo costruito (per dirla con termini propri dei giochi di ruolo). Se le sfere di vetro cadessero a terra, si frantumerebbero in mille pezzi; in alternativa, se la tecnologia criogena dovesse fallire, il loro contenuto umano si liquefarebbe e ritornerebbe al primordiale stato elementare. Decidere di fare l'avvocato del diavolo vorrebbe dire descrivere il primo scenario come un quadro della società del futuro nella peggiore versione apocalittica, e il secondo, ipotesi non migliore, come la liberazione di mondi ecologici provvisori contenuti perpetuamente in palle di vetro con la neve, al pari dei souvenir di Ocean Park. Ma, parafrasando Fredric Jameson, l'idea di utopia ha urgente bisogno di una terapia d'urto efficace se vuole sopravvivere. Forse quello che "L'Avvocato del diavolo" della Cheung vuole evidenziare è che il mondo odierno e la sue visioni per il futuro sono, in definitiva, completamente progettate dall'uomo.

MAP OFFICE
古儒郎＋林海華

In a long and laborious explanation to Weiwei, we continued with the latest developement in the project. First, the construction of a "Hong Kong Island" made of oyster shells in the courtyard of the Hong Kong Pavilion. This island will be inhabited by talking parrots and humidified with misters. Then, in addition to this built territory, a fragment of the island will be moved to the China Pavilion in Venice. This "Personal Island" will present a one square meter monument to celebrate the 10th anniversary of Hong Kong's retrocession. The statement is summarized by the motto "MAP office is in China".

Ai Weiwei Explores MAP office

Beijing, 23rd February 2007

古儒郎 + 林海華
與艾未未的一席話

2007 年 2 月 23 日 北京

我們繼續向艾未未詳
展。首先，在香港館
殼砌成的「香港島」。
並用噴霧機保持島上
個小角落會被移往設
這個「私人小島」將展示
碑，慶祝香港回歸十周年。
句標語概括了以上的一切。

Personal Island
2007

Drawing of a monument for the China Pavilion, in commemoration of Hong Kong's retrocession to China ten years ago

一幅給中國館的紀念碑圖樣，
紀念香港回歸中國十周年

Disegno di un monumento per l'esposizione della Cina, una commemorazione della retrocessione di Hong Kong alla Cina dieci anni fa

細解釋計劃的最新發
的後園建造一個用蠔
島上只有鸚鵡居住，
濕潤。這個小島的一
在威尼斯的中國館。
一塊一平方米的紀念
「MAP office 在中國」這

Gli ultimi sviluppi del progetto sono stati discussi nel corso di una lunga e complessa conversazione con Weiwei. Innanzitutto, la costruzione di un "Isola di Hong Kong" con gusci di ostriche nella corte del padiglione di Hong Kong. L'isola sarà abitata da pappagalli parlanti e avvolta in una nebbia creata con nebulizzatori d'acqua. Parallelamente alla costruzione di questo territorio, un frammento dell'isola verrà trasferito al Padiglione della Cina a Venezia. Questa "Isola personale" di un metro quadrato intende essere un monumento per commemorare il 10° anniversario della retrocessione di Hong Kong. Questa dichiarazione è sintetizzata dal motto "MAP office è in Cina".

Ai Weiwei Esplora MAP office

Pechino, 23 febbraio 2007

Below 下圖 In basso

Gutierrez + Portefaix visit Charles de Beistégui's rooftop
2007

The apartment of Charles de Beistégui, architect Le Corbusier, decorator
Charles de Beistégui, 1931

Charles de Beistégui 住所，建築師 *Le Corbusier*，室內設計師
Charles de Beistégui，1931

L'appartamento di Charles de Beistégui, Architetto Le Corbusier,
Decoratore Charles de Beistégui, 1931

MAP A major concern for this project is to define strategies of representation in a local context, assuming that at this end we do not belong to any country or system. We believe that artists should be provocative and raise questions (like the parrots) instead of providing answers.

AWW You are the provocateurs! The work you are putting together does not belong to any country or system. This work is like a person or a sentence, or whatever happens to a misfit, to something uncategorizable. This has a very special value, this "misfit" quality. I don't want to know more about it, except to understand that what you are doing is different. It is very personal. You have your own sensibility and a personal power to achieve things according to your own reasons, your way, which includes your life and family. You always do things together; take photos, record video, write, draw and other things. At the end, your work always completely refreshes my eyes and my mind.

古儒郎＋林海華　計劃最主要考慮的地方是在我們並不屬於任何國家或體制的前題下，如何按當地環境釐訂呈現模式的策略。我們認為藝術家應該擅於刺激思考和(像鸚鵡一般) 提出問題，而不是提供答案。

艾未未　你倆是煽動者！所創作的並不屬於任何國家或體制。這件作品就像一個人或一句句子，或任何錯配的情況、未能分類的東西。這種「錯配」有一種特殊的價值。我不需要知得太多，只希望了解你們的創作與別不同的地方。你們均具備敏銳的觸覺和個人力量，作品具有個人風格，可按你們本身的理由、方法來行事，包括你們的家庭和生活。你們經常同時間進行多項工作，攝影、錄影、寫作、繪畫及其他工作。你們的作品往往讓人眼前一亮、激發思維。

MAP È di fondamentale importanza per questo progetto definire le strategie di rappresentazione in un contesto locale, con il presupposto che noi, da parte nostra, non apparteniamo a nessun Paese e a nessun sistema. Riteniamo che gli artisti debbano avere un ruolo provocatorio e suscitare domande (come i pappagalli) piuttosto che fornire risposte.

AWW Siete proprio voi i provocatori! L'opera che state preparando non appartiene a nessun Paese o sistema. Questa opera è paragonabile ad una persona, a una frase, alla situazione di un disadattato o a un concetto non categorizzabile. La stessa qualità di 'disadattato' ha un valore estremamente particolare. Non mi interessa saperne di più, se non comprendere che quello che state creando è diverso. È estremamente personale. Voi avete una sensibilità particolare, e un potere personale di raggiungere i vostri obiettivi tramite una vostra logica, nella vostra maniera, che include la vostra vita personale e la vostra famiglia. Fate tante cose insieme: scattate fotografie, registrate video, scrivete, disegnate ed altro. Alla fine, la vostra opera è come una ventata d'aria fresca, che rinnova i miei occhi e la mia mente.

Page 40-41 頁

HK Island
2007

Scale 1:3 Mock-up of the installation for Venice, Lau Fau Shan
流浮山，模擬威尼斯裝置，比例 1:3
Modello dimostrativo in scala 1:3 della messa in opera per
Venezia, Lau Fau Shan

Below 下圖 In basso

HK Island goes to China
2007

Geological map, pencil drawing
地質圖，鉛筆畫
Mappa Geologica, disegno a matita

MAP   It is true that we are often misfits, but we look at it from a positive perspective. At least it brings a different point of view.

AWW   What you are doing does not happen everyday. Today, 99% of artists want to join the army and try to follow the rules. Your big advantage is that you are not coming from an artistic background. But your work enters the arts field – with all those representations and concepts, drawings and installations. What brings you there? Everything seems to be so natural...

MAP   What we are doing is research. And, there are many ways to do research. We are both academics but cannot follow the academic framework, because in our field it leads nowhere. Also writing is not enough, photography cannot be alone, video is sometimes too realistic, so we recently started to draw what we see and understand. Fictions, games, drawings and animations became our way to infiltrate and plan a new reality.

古儒郎 + 林海華　沒錯，我們經常走錯位，但從積極的角度看，那至少引發出不同的觀點。

艾未未　你們所做的創作並不常見。今日，九成九的藝術家都希望按本子辦事加入主流，你們的優勢是來自非傳統藝術界別。然而，憑著那些呈現方式、概念、繪畫和裝置，你們的作品就這樣打入藝術界。甚麼引領你們？一切顯得那麼自然…

古儒郎 + 林海華　我們從事研究工作，而研究可以有不同的方法。我倆都是來自學術界的，但均不會依循學術的框架做事，因為那只會一事無成。單靠文字並不足夠，攝影不可單獨進行，錄像有時現實得過份，

MAP   È vero che spesso siamo dei disadattati, ma percepiamo questa condizione in modo positivo. Perlomeno ci consente di avere un punto di vista alternativo.

AWW   Quello che state facendo non succede tutti i giorni. Oggi la stragrande maggioranza degli artisti vogliono arruolarsi, rispettare le regole. Il vostro vantaggio principale è che le vostre esperienze precedenti non sono di natura artistica. Tuttavia la vostra opera rientra nel campo artistico, con tutte quelle rappresentazioni e concetti, disegni e installazioni. Come siete arrivati fino a qui? Tutto sembra così naturale...

MAP   Noi facciamo ricerca. E le possibilità di fare ricerca sono molteplici. Siamo entrambi accademici, ma non seguiamo il tracciato universitario, perché nel nostro campo non ha sbocchi. Inoltre, lo scrivere non basta, la fotografia non riesce ad esprimersi da sola, il video può essere eccessivamente realistico; abbiamo così iniziato a disegnare quello che vediamo e quello

Left below 左下圖 In basso a sinistra

Oyster-shell n°1
2005

n°1 of series of 8 photographs, each 17 x 25 cm
系列照片之一，共八張，每張 17 x 25 cm
n°1 di una serie di 8 fotografie, ciascuna 17x25 cm

Right below 右下圖 A destra in basso

Oyster-shell n°2
2005

n°2 of series of 8 photographs, each 17 x 25 cm
系列照片之二，共八張，每張 17 x 25 cm
n°2 di una serie di 8 fotografie, ciascuna 17x25 cm

AWW The two of you have your own world. At this moment this one is mainly focusing on China. Your China can be any fragment of China – a brick, the Pearl River Delta, Beijing or villages. You put your hands on anything in front of your eyes or in your mind, and add a very personal imprint on it. But how does this work exactly? You are not working like artists traditionally work. You start research with an ongoing conversation between the two of you?

MAP This is a life/work project. In the morning, we send the kids to school and start to walk the fields. In the evening, once the kids are in bed, we like to go swimming together. Swimming, talking and being in the water – far from the field, the books or computers – helps us to understand how to operate and hit the point.

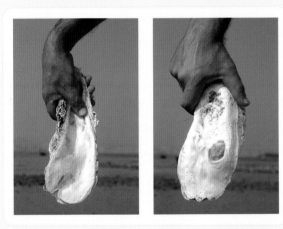

AWW Generally, your work is very dangerous. It is very seductive, like the "Hide & Seek" project. This is not just

所以最近我們開始把所見所感繪畫下來。故事、遊戲、圖畫和動畫成為我們滲入和計劃一個嶄新現實的途徑。

艾未未 你倆自有你們的天地。目下這件作品主要聚焦於中國。你們眼裡的中國可以是中國任何一個角落 — 一塊磚、珠江三角洲、北京或農村。任何出現在眼前或腦海中的事物你們都會染指，然後再加上自己的印記。但究竟實際的創作是怎樣？你們沒有依照藝術家的傳統做法，是否先進行研究，然後在創作過程中兩人不斷溝通對話？

che comprendiamo. Romanzi, giochi, disegni e animazioni diventano il nostro modo di infiltrarci e pianificare una nuova realtà.

AWW Voi due vivete in un mondo tutto vostro. Attualmente, questo mondo si concentra principalmente sulla Cina. La vostra Cina può essere un qualsiasi frammento del Paese, da un mattone al delta del Fiume delle Perle, da Pechino a piccoli villaggi. Mettete le mani su qualsiasi cosa vedete o vi viene in mente, e lo arricchite imprimendo il vostro marchio unico. Ma esattamente come avviene questo processo? Voi non create in maniera tradizionale, come gli altri artisti. La vostra ricerca scaturisce dalle vostre costanti conversazioni?

MAP Il nostro è un progetto di vita/lavoro. Al mattino, quando i bambini vanno a scuola, andiamo a passeggiare in campagna. La sera, quando i bambini sono a dormire, amiamo andare a nuotare insieme. Nuotando, parlando e galleggiando nell'acqua, lontano dall'università, dai libri o dai computer, riusciamo a comprendere come operare e come centrare il punto.

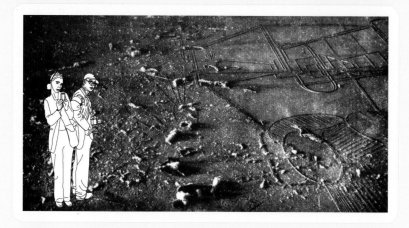

Gutierrez + Portefaix explore Dust Breeding
2007

Marcel Duchamp, Dust Breeding, 1932
Marcel Duchamp 的《Dust Breeding》1932
Marcel Duchmp, Allevamento della Polvere, 1932

Photography 攝影 Fotografia: Man Ray, 1932

a game... It is so important to communicate every basic human activity. This is a meaningful metaphor. You see it but you don't see it. You know it is there, something, somewhere, but you don't see it. But that is exactly what happened to the world. The world has changed, but how? In the end, the world only changes the way we look at your works. Through art today the world is changing. If you use the old language, the old way to describe it, it will never change.

MAP That's the main reason for us to be here and expose ourselves through this discussion. This project originated from Hong Kong, extended to China, and as the road became increasingly longer, we started to bring a lot of ourselves in this work. Who are we representing now and does it really matter?

古儒郎＋林海華　這是一個牽涉生活／工作的計劃。早上我們送孩子上學後便開始實地觀察。晚上，孩子睡覺後我倆喜歡一起去游泳。在水裡邊游邊談，遠離現實、書籍或電腦，這樣有助我們了解如何創作，並且一擊即中。

艾未未　總的來說，你們的作品透出一種種危險的感覺。以「捉迷藏」計劃("Hide & Seek" Project) 為例，作品極富誘惑性。這並非只是一個遊戲…每一項基本的人類活動都需要溝通。這是一個很有意思的比喻。你看見一些東西，但不了解箇中真義。你知道它就在那裡，在某些東西、某處地方，但就是找不著它。那正好反映今日的世界，不斷改變，但怎樣改變？到最後，改變的只是人們如何看待你的作品。藝術正在改變今天的社會，如果仍然沿用舊的語言、舊的方式去描述它，世界就永遠不會改變了。

古儒郎＋林海華　這就是我們要進行這次討論的主要原因。這項計劃始於香港，繼而伸展至中國，隨著走過的路愈來愈長，我們開始在作品注入更多的自我。究竟，作品現在呈現一些甚麼呢？那又是否重要呢？

AWW La vostra opera è generalmente molto pericolosa. È molto seducente, come il progetto "Nascondino" ("Hide & Seek"). Non si tratta solo di un gioco… È molto importante comunicare qualsiasi attività umana, anche quelle basilari. È una metafora significativa. Si vede ma non si vede. Si sa che qualcosa c'è, da qualche parte, ma non si vede. E questo è proprio quello che è successo al mondo. Il mondo è cambiato, ma come? In definitiva, il mondo cambia solo nel modo in cui guardiamo le vostre opere. Attraverso l'arte, il mondo oggi sta cambiando. Se si continua a descriverlo come in passato, con un linguaggio arcaico, il mondo non cambierà mai.

MAP Questa è la ragione principale per la quale ci troviamo qui, ad esporci attraverso questa discussione. Questo progetto è nato ad Hong Kong ed è arrivato fino in Cina, e quando la strada iniziava a diventare sempre più lunga, ci siamo ritrovati a riversare nell'opera molto di noi stessi. Chi stiamo rappresentiamo adesso, e ha davvero importanza?

Below 下圖 In basso
My PRD Stories
2005
View of the installation, Guangdong Museum of Art,
2nd Guangzhou Triennial, Guangzhou
裝置一景，廣東美術館，第二屆廣州三年展
Veduta della messa in opera, Museo d'arte del Guangdong,
2 triennale di Guangzhou, Guangzhou

Page 45 頁
Concrete Jungle
2007
Photography 攝影 Fotografia: 120 x 92.75 cm

AWW Your work contains many fragments. As it is fragmented, it contains a lot of information, an accumulation of knowledge, which also serves purposes other than the intention of a single work of art. Now the meaning of your work shows a great ability to respond to what is happening today. Then, through your various responses you create a very different landscape.

MAP We carry our reference as well as our own location. When you talk about the road, does that mean process? In today's system it seems to us that the result, and somehow the surface, are given more credit. Art is definitely not produced as an idea put into a shape.

AWW The road is mainly a passage across something. The process is a way to approach things and it can also be a road. I take a pen and draw something. That is also a process, a certain way of making something.

艾未未　你們的作品包括許多部份，因此亦盛載不少資訊，累積不少知識，可以發揮出不僅是一件作品希望達至的作用。你們的作品所傳達的意義，有力地回應今天社會所發生的一切，再透過所引發各種不同的回應，創造出一個全新的地貌。

古儒郎＋林海華　我們有自己的參考指標和位置。你所指的路徑，是否過程的意思？根據現時的制度，人們看重的似乎是結果和表面的東西。藝術創作絕不是要把意念成型。

艾未未　路徑主要指經歷某些事情的通道。過程可以是探索事物的一種方法，也可以是一條路徑。拿起筆來畫東西也是一個過程，一

AWW La vostra opera è contiene molti frammenti. In quanto frammentata, racchiude molteplici informazioni, è un'accumulazione di sapienza, che risponde ad esigenze diverse da quelle di una singola opera d'arte. Il significato della vostra opera denota una grande capacità di risposta a quello che sta succedendo oggigiorno. E attraverso le diverse risposte create un paesaggio molto diverso.

MAP Noi siamo vettori delle nostre referenze, oltre che del nostro luogo d'origine. Quando parli di strada, intendi processo? Nel sistema odierno ci sembra che il risultato, e in qualche modo la superficie, rivestano un ruolo maggiore. Sicuramente l'arte non è la semplice realizzazione materiale di un'idea.

AWW La strada è fondamentalmente un passaggio attraverso qualcosa. Il processo è il modo di affrontare le cose, e può allo stesso tempo diventare la strada. Prendo una penna e disegno qualcosa. Anche questo è un processo, un modo specifico di

PIXEL: *Wish Spaces and Other Minute Area of Illumination*
2005

Details of the installation in the Museum of Sydney,
15th Sydney Biennale, Sydney, 2006
第十五屆悉尼雙年展，悉尼博物館裝置，局部
Particolari della messa in opera nel museo di Sydney 2006,
15 Biennale di Sydney, Sidney

How do we express ourselves and according to what? That's also a road. Now you abandon the old language, to use a very personal, essential, clear, immediate language that anybody can understand. It is a character of many of your works.

MAP On that road, we can sometimes be tourists or travelers. We like to think that we belong to nowhere. Some people even see us as ghosts in the way we infiltrate very controlled places. Like tourists, we enjoy crossing new territories, except that in our case we produce our own map and guide.

AWW Tourists or travelers, in your case means that you don't belong to where you are. You are always foreigners. You are always going to a new condition or event, or to a new site. Then you develop your condition as a tourist and communicate this condition to other viewers.

種做事的方法。我們怎樣表達自己和按照甚麼來表達，這都是一種路徑。你們放棄沿用的語言，改而採用一種非常個人、必要、清晰、直接到任何人均能明白的語言，這就是你們大部份作品的風格。

古儒郎＋林海華　在那條路上，我們有時可以充當遊客或旅者，幻想自己並不屬於任何地方。特別當看見我們進入受嚴密監控的範圍時，有些人甚至把我們看成遊魂野鬼。像遊客一樣，我們享受跨越新的領域，不同的是，我們會製作自己的地圖和指引。

fare qualcosa. Come ci esprimiamo, e in conformità a cosa? Anche questa è una strada. Ora abbandonate il linguaggio arcaico, per utilizzare un linguaggio molto personale, essenziale, chiaro e immediato comprensibile da tutti. È una caratteristica di molte delle vostre opere.

MAP Percorrendo quella strada, può capitarci di essere turisti o viaggiatori. Amiamo pensare di non appartenere a nessun luogo. Alcune persone ci vedono addirittura come fantasmi, per la nostra capacità di infiltrarci in luoghi oltremodo protetti. Come i turisti, ci piace esplorare nuovi territori, con la differenza che la cartina e la guida le creiamo noi stessi.

AWW Turisti o viaggiatori, nel vostro caso significa non appartenere al luogo in cui vi trovate. Siete sempre degli stranieri. Sempre in viaggio verso una nuova condizione o una nuova manifestazione, oppure verso un nuovo sito espositivo. Quindi sviluppate la vostra condizione di turisti e la comunicate agli altri spettatori. Create quindi queste opere di tipo propedeutico e

Page 48-49 頁

Back Home with Baudelaire
2004

Photography 攝影 Fotografia: 240 x 120 cm

Right 右圖 A destra

Hide & Seek in the Pearl River Delta
2006

Game Book n°1, 20 pages, Limited Edition
Game Book n°1, 20 頁，限量發行
Game Book n°1, 20 pagine, Edizione Limitata

So you create this kind of educational work, and forecast new developments, with each of these drawings leading us to understand the next site or the next event. So in that sense you are tourists but also users.

MAP   In this context everyone is empowered to critique the system. That is why we bring up the story of the parrot in Venice. The parrot is the one asking the wrong questions. The parrot is speaking for us, saying what we cannot say because of the rigidity of the frame. The parrot is beautiful and insolent, stupid and educated at the same time. So, our recomposed island will only be inhabited by these paradoxical creatures.

AWW   To introduce a new element such as the parrot is a kind of wisdom to question our own logic. We definitely learn from the parrots. Human logic should not be the only one to develop new ideas. We see so many people expressing strong beliefs,

艾未未　遊客也好、旅者也好，你們並不屬於你們身處的地方，永遠都是外來者。你們經常走進新的地方、處境或場地，然後以遊客自居，並向其他觀者傳遞這項信息。你們創作這類教育性的作品，並預計其發展，讓每一幅圖畫牽引我們去了解下一個場地或下一件事件。從這個角度看，你們既是遊客，也是用者。

古儒郎＋林海華　在這個情況下，每個人都被賦予力量去批判現行制度，因此我們在威尼斯展出鸚鵡的故事。鸚鵡問的全是錯誤的問題，牠是我們的代言人，幫我們問一些因為僵化的框架而不敢發問的問題。鸚鵡既美麗亦粗野，既愚蠢但同時亦受過教育，我們建立的小島上只住著這些怪異的生物。

艾未未　引入像鸚鵡這樣的新元素來質疑我們自己的邏輯是智慧的表現，可以肯定我們從鸚鵡身上可以有所得著。我同意不應單靠人類的邏輯思維來發展新的意念。不少人誓言對自己的信念矢志不渝，但亦有無數例子顯示信仰可以瞬間即逝。所以，提出另外一種像鸚鵡那類我們不太明白的邏輯，可説是一個完美和

prevedete nuovi sviluppi, dove i disegni ci portano a comprendere il prossimo sito espositivo o la prossima manifestazione. In questo senso, siete sia turisti che usufruenti.

MAP   In questo contesto ciascuno è messo in grado di criticare il sistema. Per questo abbiamo creato la storia del pappagallo a Venezia. È il pappagallo che pone le domande sbagliate. Il pappagallo parla a nostro nome, dice quello che noi non possiamo dire a causa della rigidità della cornice. Il pappagallo è affascinante e insolente, allo stesso tempo stupido ed educato. Così queste creature paradossali saranno i soli abitanti della nostra isola ricomposta.

AWW   Introdurre un nuovo elemento quale il pappagallo è una forma di saggezza, che mette in questione la nostra stessa logica. Vi è molto da imparare dai pappagalli. La logica umana non dovrebbe essere la sola a sviluppare nuove idee. Vediamo così tante persone estremamente sicure del loro credo, ma sappiamo che molto spesso questo credo è solo temporaneo.